# Johann Sebastian
# BACH

# MAGNIFICAT
## IN D MAJOR
## BWV 243

Edited by
Richard W. Sargeant, Jr.

Study Score
Partitur

SERENISSIMA MUSIC, INC.

# ORCHESTRA

2 Flutes

2 Oboes

(both also Oboes d'amore)

Bassoon

3 Trumpets (C)*

Timpani

Organ

Continuo

Violin I

Violin II

Viola

Violoncello

Double Bass

*The present score has been updated for the commonkeys of modern instruments
(Clarinets in A or B-flat, Horns in F, Trumpets in C). Bach's original score featured
Trumpets in D, and these are frequently used today as well.

Duration: ca. 35 minutes

Premiere: July 7, 1733
Leipzig, Saxony
Thomaskirche
Soli, Chorus and Orchestra / Composer

ISMN: 979-0-58042-113-5
This score is a newly engraved urtext edition prepared
from the composer's holograph and other authoritative sources.

Printed in the USA
First Printing: August, 2018

# MAGNIFICAT
## BWV 243
## 1. Magnificat anima mea
*Chorus*

Johann Sebastian Bach
*Edited by Richard W. Sargeant, Jr.*

*Trumpets in D in original and normally used even today.

10
Fl.
Ob.
Bn.
C Tpt.
Timp.
S. 1
S. 2
A.
T.
B.
Org.
Vn.
Va.
Vc.
Cb.
tr
tr

29
a2
Fl. 1 2
Ob. 1 2
Bn.
C Tpt. 1 2
3
Timp.
S. 1
Ma - gni - fi-cat, ma-gni - fi-cat,
S. 2
Ma - gni - fi-cat, ma - gni - fi-cat,
A.
Ma - gni - fi-cat,
T.
Ma - gni - fi-cat,
B.
Ma - gni - fi-cat,
Org.
29
Vn. 1
2
Va.
Vc.
Cb.

34
Fl. 1 2
Ob. 1 2
Bn.
C Tpt. 1 2
3
Timp.
S. 1
ma - gni - fi-cat, ma - gni-fi-cat, ma - gni-fi-cat a - ni-m
S. 2
ma - gni - fi-cat, ma - gni-fi-cat a - ni-ma me - a,
A.
ma - gni - fi-cat, ma - gni-fi-cat, ma - gni - fi-cat, ma - gni - fi-cat, ma -
T.
ma - gni - fi-cat, ma - gni-fi-cat, ma - gni - fi-cat, ma - gni - fi-cat, ma -
B.
ma - gni - fi-cat, ma - gni - fi-cat, ma -
Org.
34
Vn. 1
2
Va.
Vc.
Cb.

39
Fl.
1
2
Ob.
1
2
Bn.
C Tpt.
1
2
3
Timp.
S. 1
me - a, a - ni-ma me - a, a - ni-ma me - a, a - ni-ma
S. 2
ma - gni - fi-cat, ma - gni - fi-cat a-ni-ma, a - ni-ma me - a, a - ni-ma
A.
gni - fi-cat, ma - gni - fi-cat, ma - gni - fi-cat a - ni-ma me - a, a - ni-ma
T.
gni - fi-cat, ma - gni - fi-cat, ma - gni - fi-cat a - ni-ma me - a, ma - gni - fi-
B.
gni-fi-cat a - ni-ma me - a, a - ni-ma me - a, a - ni-ma me - a, a - ni-ma
Org.
39
Vn.
1
2
Va.
Vc.
Cb.

43
Fl. 1 2
Ob. 1 2
Bn.
C Tpt. 1 2
3
Timp.
S. 1
me - a Do - mi - num, ma -
S. 2
me - a, a - ni-ma me-a Do - mi - num, ma -
A.
me - a, a - ni-ma me-a Do - mi - num, ma - gni - fi-cat,
T.
cat a - ni - ma me - a Do - mi - num, ma - gni - fi-cat,
B.
me - a, a - ni-ma me - a Do - mi - num,
Org.
43
Vn. 1
2
Va.
Vc.
Cb.
tr
tr

47
Fl. 1 2
Ob. 1 2
Bn.
C Tpt. 1 2
3
Timp.
S. 1
- gni - fi-cat, ma-gni - fi-cat, ma - gni - fi-cat, ma-gni - fi-cat,
S. 2
- gni - fi-cat, ma-gni - fi-cat, ma - gni - fi-cat, ma-gni - fi-cat,
A.
ma-gni - fi-cat, ma-gni - fi-cat, ma - gni - fi-cat,
T.
ma-gni - fi-cat, ma-gni - fi-cat, ma - gni - fi-cat,
B.
ma-gni - fi-cat, ma-gni - fi-cat, ma - gni - fi-cat,
Org.
47
Vn. 1
2
Va.
Vc.
Cb.

52
Fl.
Ob.
Bn.
C Tpt.
Timp.
S. 1
ma - gni - fi-cat, ma - gni - fi-cat, ma - gni - fi-cat, ma -
S. 2
ma - gni - fi-cat, ma - gni - fi-cat, ma - gni - fi-cat, ma -
A.
ma - gni - fi-cat, ma -
T.
ma - gni - fi-cat,
B.
ma -
Org.
52
Vn.
Va.
Vc.
Cb.

57
a2
Fl.
Ob.
Bn.
C Tpt.
Timp.
S. 1
gni - fi-cat, ma - gni - fi-cat, ma-gni - fi-cat, ma-gni - fi-cat
S. 2
gni - fi-cat, ma-gni-fi-cat, ma-gni - fi-cat, ma-gni - fi-cat, ma-gni - fi-cat,
A.
gni - fi-cat, ma - gni - fi-cat, ma-gni - fi-cat, ma-gni - fi-cat, ma -
T.
ma - gni - fi-cat, ma-gni - fi-cat, ma-gni - fi-cat, ma -
B.
- gni - fi-cat, ma-gni-fi - cat, ma - gni-fi - cat,
Org.
57
Vn.
1
2
Va.
Vc.
Cb.

62
Fl. 1 2
Ob. 1 2
Bn.
C Tpt. 1 2
3
Timp.
S. 1
ma - gni - fi-cat, ma - gni-fi-cat, ma -
S. 2
ma - gni - fi-cat, ma - gni-fi-cat, ma -
A.
gni - fi-cat, ma - gni - fi-cat, ma - gni - fi-cat, ma -
T.
gni - fi-cat, ma - gni - fi-cat, ma - gni - fi-cat, ma -
B.
ma - gni - fi - cat, ma - gni - fi-cat, ma - gni - fi-cat, ma - gni - fi -
Org.
62
Vn. 1
2
Va.
Vc.
Cb.

67
Fl.
Ob.
Bn.
C Tpt.
Timp.
S. 1
gni - fi-cat, ma - gni - fi-cat, ma - gni - fi-cat, ma - gni - fi-cat, ma -
S. 2
gni - fi-cat, ma - gni-fi-cat a - ni-ma me - a, a - ni-ma
A.
gni - fi-cat a - ni-ma me - a, ma - gni - fi-cat, ma - gni - fi-cat
T.
gni - fi-cat, ma - gni - fi-cat, ma - gni - fi-cat, ma - gni - fi-cat, ma -
B.
cat, ma - gni-fi-cat a - ni-ma me - a, a - ni-ma
Org.
67
Vn.
Va.
Vc.
Cb.

gni - fi - cat a - ni-ma me-a, ma-gni - fi - cat a - ni - ma me-a Do - mi - num.
me - a, a - ni-ma me-a, a - ni-ma me-a Do - mi - num.
a - ni - ma, a - ni-ma me-a, a - ni-ma me - a, a - ni-ma me-a Do - mi - num.
gni - fi - cat a - ni-ma me-a, a - ni-ma me-a, a - ni-ma me-a Do - mi - num.
me - a, a - ni-ma me-a, a - ni-ma me-a, a - ni - ma me - a Do - mi - num.

76
a2
Fl. 1 2
Ob. 1 2
Bn.
C Tpt. 1 2
3
Timp.
S. 1
S. 2
A.
T.
B.
Org.
76
Vn. 1
2
Va.
Vc.
Cb.

86
a2
to Oboe d'amore
Fl.
Ob.
Bn.
C Tpt.
Timp.
S. 1
S. 2
A.
T.
B.
Org.
86
Vn.
Va.
Vc.
Cb.

# 2. Et exultavit

*Soprano 2 Solo*

et ex-ul-ta-vit spi-ri-tus me-us,
et ex-ul-ta-vit spi-ri-tus me-us, et ex-ul-ta -

- vit spi - ri - tus me - us in De - - - o sa - lu - ta -
- ri, sa - lu - ta - - - - - - - - - - ri

47
Sop. 2
Org.
me - o, in De - o sa-lu-ta - - ri me - o.
f
47
Vn.
1
2
Va.
Vc.
Cb.
f
f
f
f
f
55
Sop. 2
Org.
Et ex - ul - ta - vit spi - ri - tus
p
55
Vn.
1
2
Va.
Vc.
Cb.
tr
tr
p
p
p

62
Sop. 2
me - us in De - - - o sa - lu - ta - - - ri, sa - lu - ta -
Org.
62
Vn.
1
p
2
Va.
Vc.
Cb.
69
tr
Sop. 2
- ri me - o, in De - - o, sa - lu - ta - ri, in De - o sa - lu - ta -
Org.
69
Vn.
1
p
2
p
Va.
p
Vc.
Cb.

ri me o, in De o sa lu ta ri me o.

# 2a. Vom Himmel hoch

*Chorus*

Mär,
neu - e Mähr, der gu - ten Mähr bring' ich so viel, so viel, der gu - ten Mähr bring' ich so
gu - te neu - e Mähr, der gu - ten Mähr bring' ich so viel, so viel, bring' ich so
neu - e Mähr, der gu - ten Mähr bring' ich so

der gu - - ten
viel, bring' ich so viel, so viel, der gu - ten Mähr bring' ich so
viel, bring' ich so viel, so viel, der gu - ten
viel, der gu - ten Mähr bring' ich so viel, so viel, bring' ich so

Mär bring ich so
viel, bring' ich so viel, so viel, bring' ich so viel,
Mähr bring' ich so viel, so viel, bring' ich so viel, so
viel, der gu - ten Mähr bring' ich so viel, der gu - ten Mähr bring' ich so

viel,
bring' ich so viel, so viel, da - von ich sing'n und
viel, bring' ich so viel, da - von ich sing'n
viel, der gu - ten Mähr bring' ich so viel,

21
S.
A.
sa - gen will, ich sing'n und sa - - gen will,
T.
und sa - - - - - - - - gen will, da - von ich
B.
da - von ich sing'n und sa - - gen will, und sa - gen

23
S.
von ich sing'n und
A.
da - von ich sing'n und sa - - - - - - - gen
T.
sing'n und sa - - - - - - - - gen will, da - von ich sing'n und
B.
will, da - von ich sing'n und sa - gen

da

25
S.
sa - - - - - - - gen
A.
will, da - von ich sing'n, da - von ich sing'n und sa - gen
T.
sa - - - - - - gen will, da - von ich sing'n und sa - gen
B.
will, da - von ich sing'n und sa - - - - - - - - gen

27
S.
will.
A.
will, da - von ich sing'n und sa - - - - gen will.
T.
will, da - von ich sing'n und sa - - - - - - gen will.
B.
will, da - von ich sing'n und sa - - - - - gen will.

# 3. Quia respexit

*Soprano 1 Solo*

Ob. d'a. 1
Sop. 1
Org.
Vc.
Cb.
humi-li-ta-tem, hu-mi-li-ta-tem an-cil-læ su-æ,
qui a re-spe - xit hu-mi-li-ta-tem,
hu-mi-li-ta-tem an-cil-læ su-æ:

Ob. d'a. 1
Sop. 1
Org.
Vc.
Cb.
ec - ce, ec - ce,
ec - ce, ec - ce, ec-ce e - nim ex hoc be - a - tam, ec-ce e - nim ex hoc be -
a - tam, be - a - tam me di - cent, be - a - tam, be a - tam me di -

# 4. Omnes generationes

*Chorus*

Fl.
b. d'a.
Bn.
S. 1
S. 2
A.
T.
B.
Org.
Vn.
Va.
Vc.
Cb.
- nes, o - mnes, o - mnes ge - ne - ra - ti -
- nes, o - mnes, o - mnes ge - ne - ra - ti - o -
o - nes, o - mnes, o - mnes ge ne - ra - ti - o -
ge - ne - ra - ti - o - nes,
o - mnes, o - mnes ge - ne - ra - ti - o - nes, o - mnes, o - mnes

o - - - nes, o - - - - - - mnes, o - mnes ge - ne - ra - ti - o -
- - - - - - - nes, o - mnes ge - ne - ra - ti - o - - - - -
- nes, o - mnes ge - ne - ra - ti - o - - - - - - -
o - - mnes, o - mnes ge - ne - ra - ti - o - - - - - - -
ge - ne - ra - ti - o - - - -

10
Fl.
1
2
b. d'a.
1
2
Bn.
S. 1
nes,            o - mnes, o - mnes ge - ne - ra - ti - o - - - - - - nes,
S. 2
nes,            o - mnes, o - mnes ge - ne - ra - ti - o - - -
A.
nes,            o - mnes,  o - mnes
T.
nes,            o - mnes, o - mnes ge - ne - ra - ti - o - - - - -
B.
nes, o - mnes, o - mnes ge - ne - ra - ti - o - - - nes,            o - mnes, o - mnes ge - ne - ra - ti -
Org.
10
Vn.
1
2
Va.
Vc.
Cb.

o - mnes, o - mnes ge - ne - ra - ti - o - - - - - - nes, o - mnes ge - ne - ra - ti -
- - - - - nes, o - mnes, o - mnes ge - ne - ra - ti - o - - - - -
ge - ne - ra - ti - o - - - - - - nes, o - mnes, o - mnes
- nes, o - mnes, o - mnes ge - ne - ra - ti - o - - - - -
o - - - - - - nes, o - mnes, o - mnes ge - ne - ra - ti - o - -

o - nes, o - mnes, o - mnes ge - ne - ra - ti - o - - - nes, o - - mnes, o - mnes
- nes, o - mnes ge - ne - ra - ti - o - - nes, o - mnes, o - mnes ge - ne - ra - ti -
ge - ne - ra - ti - o - - - - - - - - - - nes,
- nes, o - mnes, o - mnes ge - ne - ra - ti - o - - - - -
- - - - - - - nes, o - mnes, o - mnes ge - ne - ra - ti - o - - -

ge - ne - ra - ti - o - nes, ge - ne - ra - ti - o - nes,
o - nes, ge - ne - ra - ti - o - nes, o - mnes
o - mnes, o - mnes ge - ne - ra - ti - o - nes, o - mnes, o - mnes
- nes, o - mnes ge - ne - ra - ti - o - nes, o - mnes, o - mnes ge - ne -
- nes, o - mnes ge - ne - ra - ti - o - nes, o - mnes, o - mnes ge - ra - ti -

Fl.
b. d'a.
Bn.
S. 1
o - mnes, o - mnes ge - ne - ra - ti - o - - - - - - - - - - nes, o - mnes, o - mnes
S. 2
o - mnes ge - ne - ra - ti - o - - - - - - - - - - nes, o - mnes, o - mnes
A.
ge - ne - ra - ti - o - - - - - - - - - - nes, o - mnes, o - mnes
T.
ra - ti - o - - - - - - - - - - nes, o - mnes, o - mnes
B.
o - - - - - - nes, o - mnes, o - mnes ge - ne - ra - ti - o - nes,
Org.
Vn.
Va.
Vc.
Cb.

ge - ne - ra - ti - o - nes, o - mnes, o - mnes ge - ne - ra - ti - o - nes.
ge - ne - ra - ti - o - nes, o - mnes ge - ne - ra - ti - o - nes.
ge - ne - ra - ti - o - nes, o - mnes ge - ne - ra - ti - o - nes.
ge - ne - ra - ti - o - nes, o - mnes ge - ne - ra - ti - o - nes.
o - mnes, o - mnes ge - ne - ra - ti - o - nes.

# 5. Quia fecit mihi magna

*Bass Solo*

13
Bass
est; qui-a fe - cit mi - hi ma - - - - - gna qui po - - ten
Org.
13
Vc.
Cb.
17
Bass
est, et san-ctum no - men - e - jus, et san - - - - - ctum no - men, et
Org.
17
Vc.
Cb.
20
Bass
san - ctum no - men e - jus, san - - ctum no-men e - jus san - ctum no - men e - jus, et
tr
Org.
20
Vc.
Cb.

23
Bass
san - ctum no - men e - jus; qui-a fe-cit mi-hi ma - gna qui po - tens
Org.
23
Vc.
Cb.

27
Bass
est, et san - ctum no - men, san - ctum no - men e - jus.
Org.
f
27
Vc.
f
Cb.
f

31
Bass
Org.
31
Vc.
Cb.

# 5a. Freut euch und jubiliert

*Chorus*

S. 1
S. 2
A.
T.
Org.
Vc.
Cb.
13
freut euch, freut euch, freut euch und ju - bi -
freut euch und ju - bi - liert, freut euch und ju - bi - liert, und ju - bi -
liert, freut euch und ju - bi - liert, freut euch und ju - bi - liert, und ju - bi -
liert, freut euch und ju - bi - liert, freut euch und ju - bi - liert, freut euch und ju - bi -
19
liert, zu Beth - le - hem ge - fun - den wird
liert, zu Beth - le - hem ge - fun - den wird
liert, zu Beth - le - hem ge - fun - den wird das her - ze -
liert, zu Beth - le - hem ge - fun - den wird das her - ze -

das her - ze - lie - be Je - su - lein,
das her - ze - lie - be Je - su - lein,
lie - be Je - su - lein, das her - ze - lie - be Je - su - lein,
lie - be Je - su - lein, das her - ze - lie - be Je - su - lein, das soll
das soll eu - er Freud' und Won - ne sein, eu - er
das soll eu - er Freud' und
das soll eu - er Freud' und Won - ne sein, eu - er Freud' und Won - ne
eu - er Freud' und Won - ne sein, eu - er Freud' und Won - ne sein, das soll

38
S. 1
Freud' und Won - ne sein, das soll eu - er Freud' und Won - ne sein, eu - er
S. 2
Won - ne sein, das soll eu - er Freud' und Won - ne sein, eu - er
A.
sein, Freud' und Won - ne sein, das soll eu - er Freud'___ und Won - ne sein,
T.
eu - er Freud'___ und Won - ne sein, das soll eu - er Freud' und Won - ne sein,
Org.
f
Vc.
f
Cb.
f
45
S. 1
Freud'___________ und Won - ne sein, das soll eu - er Freud' und Won - ne sein.
S. 2
Freud'___________ und Won - ne sein, das soll eu - er Freud' und Won - ne sein.
A.
eu - er Freud'und Won - ne sein, das soll eu - er Freud' und Won - ne sein.
T.
eu - er Freud'und Won - ne sein, das soll eu - er Freud'___________ und Won - ne sein.
Org.
Vc.
Cb.

# 6. Et misericordia
*Alto and Tenor Duet*

Fl. 1 2
Alto
ni - e in pro - ge - ni - es,
Ten.
in pro - ge - ni - es, in pro - ge - ni - es,
Org.
Vn. 1
2
Va.
Vc.
Cb.
Alto
et mi - se - ri - cor - di - a mi - se - ri -
Ten.
et mi - se - ri - cor - di - a mi - se - ri -

cor - di - a a pro - ge - ni - e in pro - ge - ni - es, in pro - ge - ni - es ti - men - ti - bus
cor - di - a a pro - ge - ni - e in pro - ge - ni - es ti - men - ti - bus
e - um, ti - men - ti - bus e - um,
e - um, ti - men - ti - bus e - um,

et mi-se-ri-cor-di-a______ mi-se-ri-
et mi-se-ri-cor-di-a______ mi-se-ri-
cor-di-a a pro-ge-ni-e in pro-ge-ni-es, in pro-ge-ni-
cor-di-a a pro-ge-ni-e in______ pro-ge-ni-

es ti - men - ti - bus e - um, ti - men - ti - bus
es ti - men - ti - bus e - um, ti - men - ti - bus
e - um, ti - men - ti - bus, ti - men - ti - bus, ti
e - um, ti - men - ti - bus, ti - men - ti - bus, ti -

30
Fl. 1 2
Alto
men-ti-bus e - um, ti - men - - - - ti-bus e - um.
Ten.
men-ti-bus e - um, ti - men - - - - ti-bus e - um.
Org.
f
30
Vn. 1
f
2
f
Va.
f
Vc.
f
Cb.
f
33
Fl. 1 2
Alto
Ten.
Org.
33
Vn. 1
2
Va.
Vc.
Cb.

# 7. Fecit potentiam

*Chorus*

fe - cit po - te - ti-am, fe - cit po - ten - ti-am,
fe - cit po - ten - ti-am, fe - cit po - ten - ti-am,
fe - cit po - ten ti - am in bra - chi - o
su - o, po - ten - ti-am, fe - cit po - ten - ti-am in bra - chi - o su - o, di - sper
fe - cit po - ten - ti-am, fe - cit po - ten - ti-am,

fe - cit po - ten - ti - am, fe - cit po - ten - ti - am,
fe - cit po - te - - - - - - - - - - - ti - am in bra - chi - o
su - o, po - ten - ti - am, fe - cit po - ten - ti - am in bra - chi - o su - o, di - sper - -
- sit, fe - cit po - ten - ti - am, fe - cit po - ten - ti - am, di - sper - - sit, di-sper- sit, di - sper -
fe - cit po - ten - ti - am, fe - cit po - ten - ti - am,

13
Fl. 1 2
Ob. 1 2
Bn.
C Tpt. 1 2
3
Timp.
S. 1
fe - cit po - ten - ti-am, fe - cit po - ten - ti-am,
S. 2
su-o, po - ten - ti-am, fe - cit po - ten - ti-am in bra - chi-o su - o, di - sper -
A.
- sit, fe-cit po - ten - ti-am, fe - cit po - ten - ti-am, di - sper - sit, di-sper-sit, di - sper -
T.
- sit, fe-cit po - ten - ti-am, fe - cit po - ten - ti-am, di - sper-sit, di - sper-sit, di - sper-sit, di - sper -
B.
fe - cit po - ten - ti-am in bra - chi-o
Org.
13
Vn. 1
2
Va.
Vc.
Cb.

fe - cit___ po - ten - - - - - - - - - - - - - - ti - am in bra - chi - o
- sit, fe - cit po - ten - ti - am, fe - cit po - ten - ti - am, di - sper - - - sit, di - sper - sit, di - sper - -
- sit, fe - cit po - ten - ti - am, fe - cit po - ten - ti - am, di - sper - sit, di - sper - sit, di - sper - sit, di - sper -
- sit, fe - cit po - ten - ti - am, fe - cit po - ten - ti - am, di - sper - sit, di - sper - sit, di - sper - sit, di - sper - sit,
su - o, fe - cit po - ten - ti - am, fe - cit po - ten - ti - am in bra - chi - o su - o, di - sper - -

su - o,____ po - ten - ti-am, fe - cit po-ten - ti-am, in bra - chi-o su - o, di-sper - - -
- sit, fe - cit po ten - ti-am, fe - cit po-ten - ti-am, di - sper sit, di-sper sit, di - sper-sit di - sper - -
- sit, fe - cit po-ten - ti-am, fe - cit po-ten - ti-am, di - sper - - sit, di-sper-sit, di - sper - -
fe - cit po-ten - ti-am, fe - cit po-ten - ti-am, di - sper sit, di-sper sit, di - sper-sit, di - sper sit, di -
- sit, fe - cit po - ten - ti-am, fe - cit po-ten - ti-am, di-sper sit, di - sper sit, di - sper-sit, di - sper - sit,

25
Fl. 1 2
Ob. 1 2
Bn.
C Tpt. 1 2
3
Timp.
S. 1
- - sit, di - sper - sit, di - sper - sit, di - sper - sit su - per - bos
S. 2
- sit, di - sper - - - - sit, di - sper - sit, di - sper - sit su - per - bos
A.
- - - - - - - sit, di - sper - sit, di - sper - sit, di - sper - sit su - per - bos
T.
sper - - - - sit, di - sper - sit, di - sper - sit, di - sper - sit su - per - bos
B.
di - sper - - - - sit, di - sper - sit, di - sper - sit su - per - bos
Org.
25
Vn. 1
2
Va.
Vc.
Cb.

Adagio
Fl.
Ob.
Bn.
C Tpt.
Timp.
S. 1
men - te cor - dis su - i, men - te cor - dis su - i.
S. 2
men - te cor - dis su - i, men - te cor - dis su - i.
A.
men - te cor - dis su - i, men - te cor - dis su - i.
T.
men - te cor - dis su - i, men - te cor - dis su - i.
B.
men - te cor - dis su - i, men - te cor - dis su - i.
Org.
Adagio
Vn.
Va.
Vc.
Cb.
tr
42202

# 7a. Gloria in excelsis Deo

*Chorus*

Ob. 1 2
Bn.
S. 1
glo - ri - a, glo - ri - a in ex - cel - sis De - o! et in ter - ra pax, et in ter - ra
S. 2
glo - ri - a, glo - ri - a in ex - cel - sis De - o! et in ter - ra pax, in ter - ra
A.
glo - ri - a, glo - ri - a in ex - cel - sis De - o! et in ter - ra pax, in ter - ra
T.
glo - ri - a, glo - ri - a in ex - cel - sis De - o! et in ter - ra pax, in ter - ra
B.
glo - ri - a in ex - cel - sis De - o! et in ter - ra pax,
Org.
Vn. 1
Vn. 2
Va.
Vc.
Cb.

pax, in ter - ra pax ho - mi - ni - bus, bo - næ, bo - næ vo - lun-tas, bo - næ, bo - næ vo
pax, in ter - ra pax ho - mi - ni - bus, bo - næ, bo - næ vo - lun-tas, bo - næ, bo - næ vo -
pax, in ter - ra pax ho - mi - ni - bus, bo - næ, bo - næ vo - lun-tas, bo - næ, bo - næ vo
pax, in ter - ra pax ho - mi - ni - bus, bo - næ, bo - næ vo - lun-tas, bo - næ, bo - næ vo -
in ter - ra pax ho - mi - ni - bus, bo - næ, bo - næ vo - lun-tas, bo - næ, bo - næ vo -

13
Ob. 1 2
Bn.
S. 1
lun-tas, bo-næ, bo — næ vo-lun — — — tas, bo-næ, bo — næ vo-lun-tas, bo-næ, bo — næ vo-
S. 2
lun-tas, bo-næ, bo — næ vo-lun-tas, bo-næ, bo — næ vo-lun-tas, bo-næ, bo — næ vo-lun-tas, bo-næ, bo — næ vo-
A.
lun-tas, bo-næ vo-lun-tas, bo-næ vo-lun-tas, bo-næ, bo — næ vo-lun-tas, bo-næ, bo — næ vo -
T.
lun-tas, bo-næ vo-lun-tas, bo-næ vo-lun-tas, bo-næ, bo — næ vo-lun-tas, bo-næ, bo — næ vo-
B.
lun-tas, bo-næ, bo — næ vo-lun-tas, bo-næ, bo — næ vo-lun-tas, bo-næ, bo — næ vo-lun-tas, bo-næ, bo — næ vo -
Org.
13
Vn. 1
2
Va.
Vc.
Cb.

lun-tas, bo - næ vo - lun - tas, bo - næ vo - lun - tas, bo - næ vo - lun - tas.
lun-tas, bo - næ vo - lun - tas, bo - næ vo - lun-tas, bo-næ, bo - næ vo - lun - tas.
lun-tas, bo - næ, bo - næ vo - lun - tas, bo - næ, bo - næ vo - lun - tas.
lun-tas, bo - næ, bo - næ vo - lun-tas, bo - næ, bo - næ vo - lun - tas, vo - lun - tas, vo - lun - tas.
lun-tas, bo - næ, bo - næ vo - lun-tas, bo - næ, bo - næ vo - lun-tas, bo - næ, bo - næ vo - lun - tas.

# 8. Deposuit potentes

*Tenor Solo*

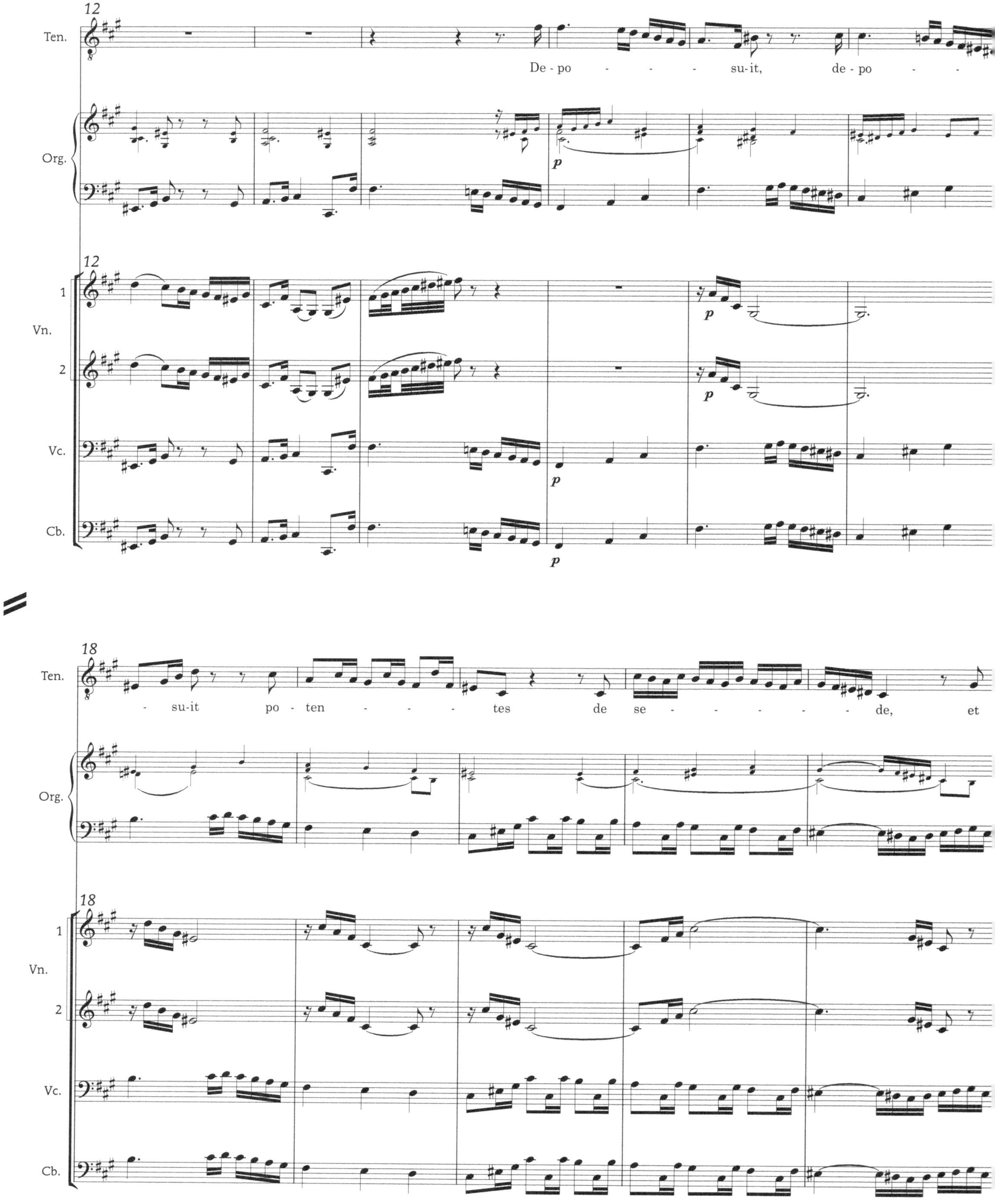

De - po - - - su - it, de - po - -
- su - it po - ten - - - tes de se - - - de, et

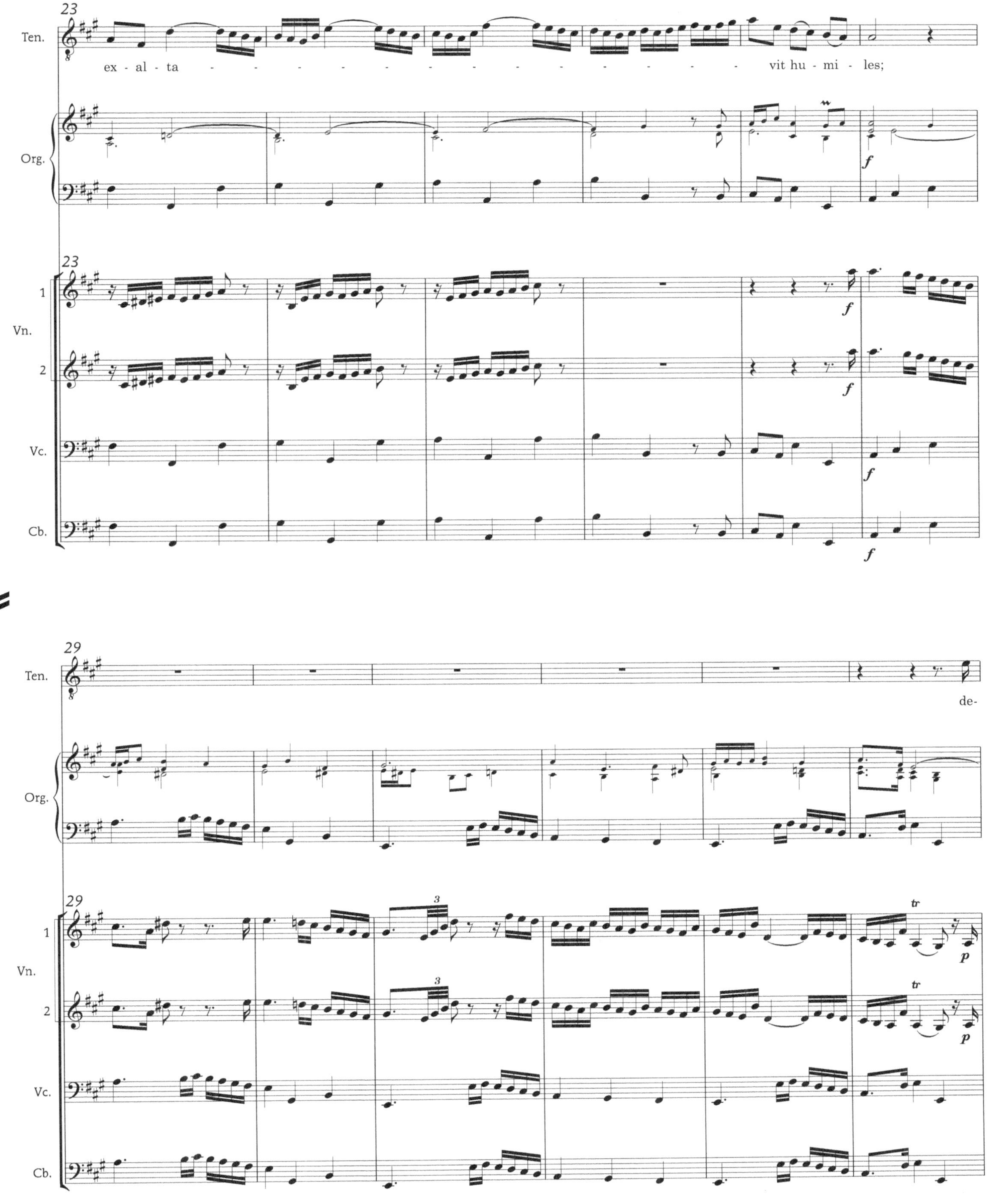

ex - al - ta - - - - - - - - - - - vit hu - mi - les;
de-

35
Ten.
po - su-it, de - po - su-it po - ten - - tes de
Org.
p
35
Vn.
1
2
Vc.
p
Cb.
p

41
Ten.
se - - - de, et ex-al - ta - - - - - - - -
Org.
41
Vn.
1
2
Vc.
Cb.

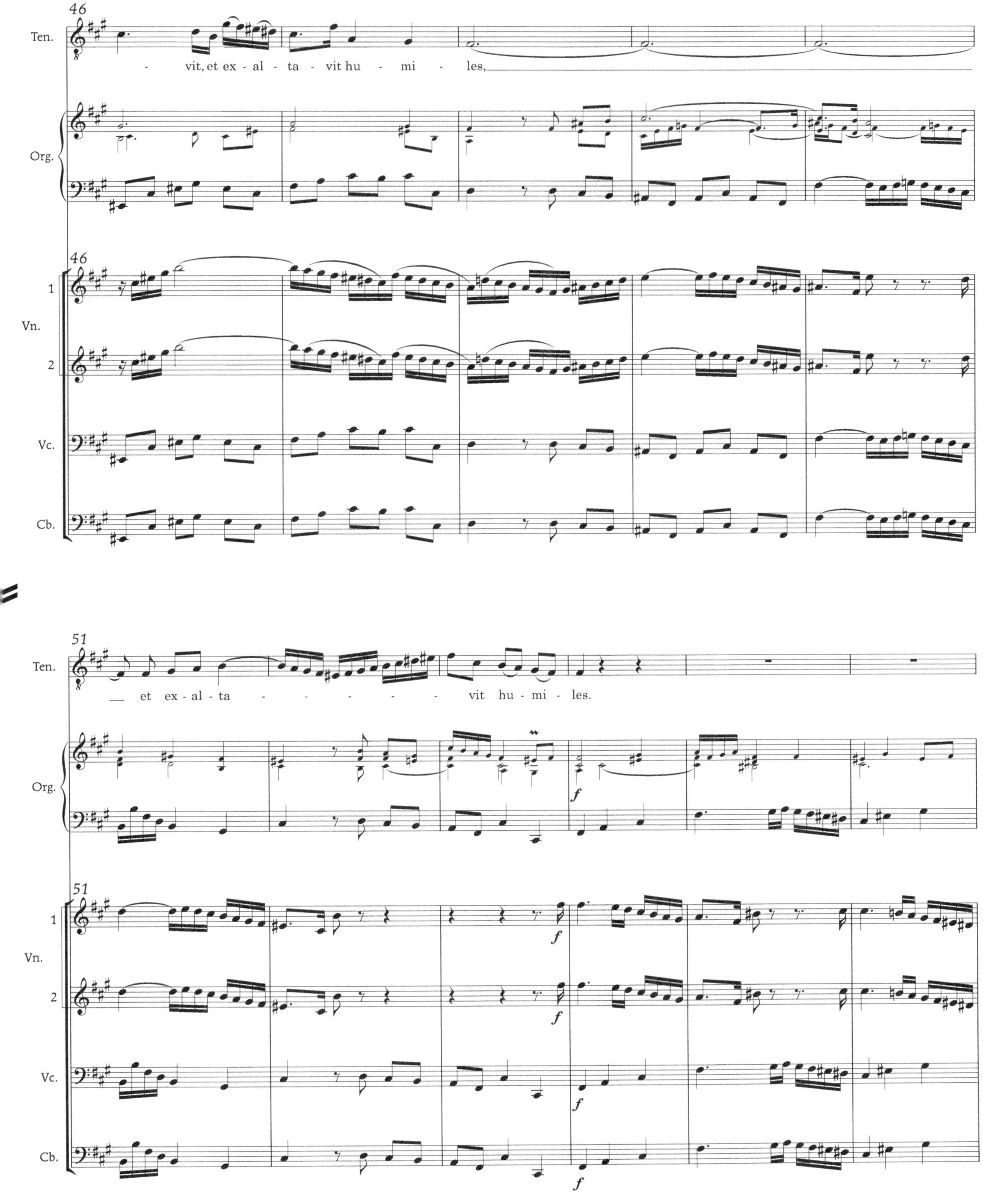

Ten.
Org.
Vn.
Vc.
Cb.
- vit, et ex - al - ta - vit hu - mi - les,
et ex - al - ta - vit hu - mi - les.
46
51
f
42202

# 9. Esurientes implevit bonis

*Alto Solo*

Fl.
1
2
Alto
ple - vit bo - nis, e - su - ri - en - tes im - ple - vit bo - nis, et di - vi - tes di - mi - sit, et
Org.
Vc.
Cb.

Fl.
1
2
Alto
di - vi - tes di - mi - sit, di - mi - sit in - a - nes, et di - vi - tes di - mi - sit in-
Org.
Vc.
Cb.

Fl. 1
Fl. 2
Alto
Org.
Vc.
Cb.
16
16
a - - nes, di - mi - sit in - a - - nes;
20
20
e - su - ri - en - tes im - ple - - vit bo - nis, e - su - ri - en - tes im-
f
f
f
f
f
p
p
p
p
tr
tr
tr
tr
tr
tr
tr
tr

ple - vit bo - - - - - - - - - - - - - - - - - - - - - nis, im -
ple - - - - - - - - - - - - - - - - - - - - - - - - - - -

30
Fl.
1
2
Alto
- vit bo - nis, et di - vi - tes di - mi - sit, et di - vi - tes di -
Org.
30
Vc.
Cb.
33
Fl.
1
2
Alto
mi - sit, di - mi - sit in - a - nes, di - mi - sit in - a - nes, di - mi - sit in - a -
Org.
33
Vc.
Cb.

36
Fl.
1
f
2
f
Alto
nes.
Org.
f
tr
Vc.
36
f
Cb.
f
40
Fl.
1
2
Alto
Org.
Vc.
40
Cb.

# 9a. Virga Jesse floruit

*Soprano 1 and Bass Duet*

Sop. 1
Bass
Org.
Vc.
Cb.
ru - it,
pa - - - - - - - - - ru-it, Vir - ga Jes-se
Vir - ga Jes-se flo - - - - - - - - - - - -
flo - - - -
- - ru-it, E-ma-nu-el no-ster ap-pa - - - ru-it,
- ru-it, E-ma-nu-el no-ster ap - pa - - - - ru - it,
f
f
f

Sop. 1
Bass
Org.
Vc.
Cb.
in - du - it car - nem
in - du - it car - nem ho - mi - nis, fit pu - er de - le - cta -
ho - mi - nis, fit pu - er de - le - cta -
- bi-lis, fit pu - er de - le-cta -
- bi-lis, fit pu - er de - le-

28
Sop. 1
Bass
Org.
Vc.
Cb.
- - bi- lis.
Al - le - lu - ia,
cta - bi- lis.
Al - le - lu - ia, al -
31
Sop. 1
Bass
Org.
Vc.
Cb.
al - le - lu - ia, al - le - lu - ia, al - le- lu - ia;
le - lu - ia, al - le - lu - ia, al - le - lu - ia, al le - lu - ia;
f
f
f
34
Sop. 1
Bass
Org.
Vc.
Cb.
al - le - lu - ia, al - le - lu
al - le - lu - ia, al - le -
p
p
p

37
Sop. 1
ia, al - le - lu - ia; al - le-lu-ia, al-le-lu-
Bass
- lu - ia, al - le - lu - ia, al - le - lu - ia, al-le-lu-
Org.
37
Vc.
Cb.
40
Sop. 1
ia, al-le-lu-ia, al - le - lu-ia, al - le - lu-ia, al - le - lu-ia.
Bass
ia, al-le-lu-ia, al - le - lu-ia, al - le - lu-ia, al - le - lu-ia.
Org.
f
40
Vc.
f
Cb.
f
43
Sop. 1
Bass
Org.
43
Vc.
Cb.

# 10. Suscepit Israel

*Trio*

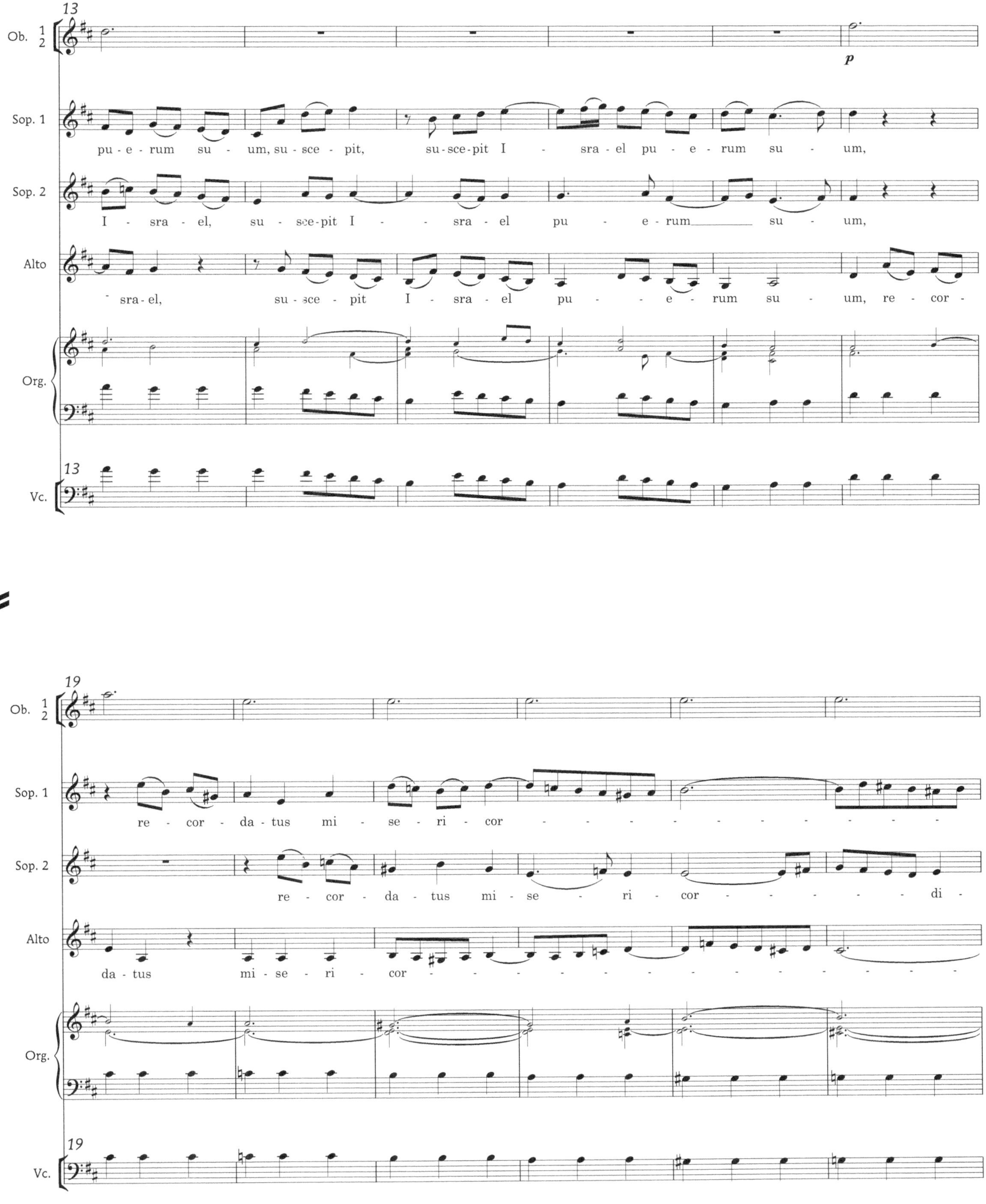
13
Ob. 1 2
p
Sop. 1
pu-e-rum su - um, su-sce - pit, su-sce-pit I - sra-el pu - e - rum su - um,
Sop. 2
I - sra - el, su - sce-pit I - sra - el pu - e-rum su - um,
Alto
sra-el, su-sce - pit I - sra - el pu - e - rum su - um, re - cor -
Org.
13
Vc.
19
Ob. 1 2
Sop. 1
re - cor - da-tus mi - se - ri - cor
Sop. 2
re - cor - da - tus mi - se - ri - cor - di -
Alto
da - tus mi - se - ri - cor
Org.
19
Vc.

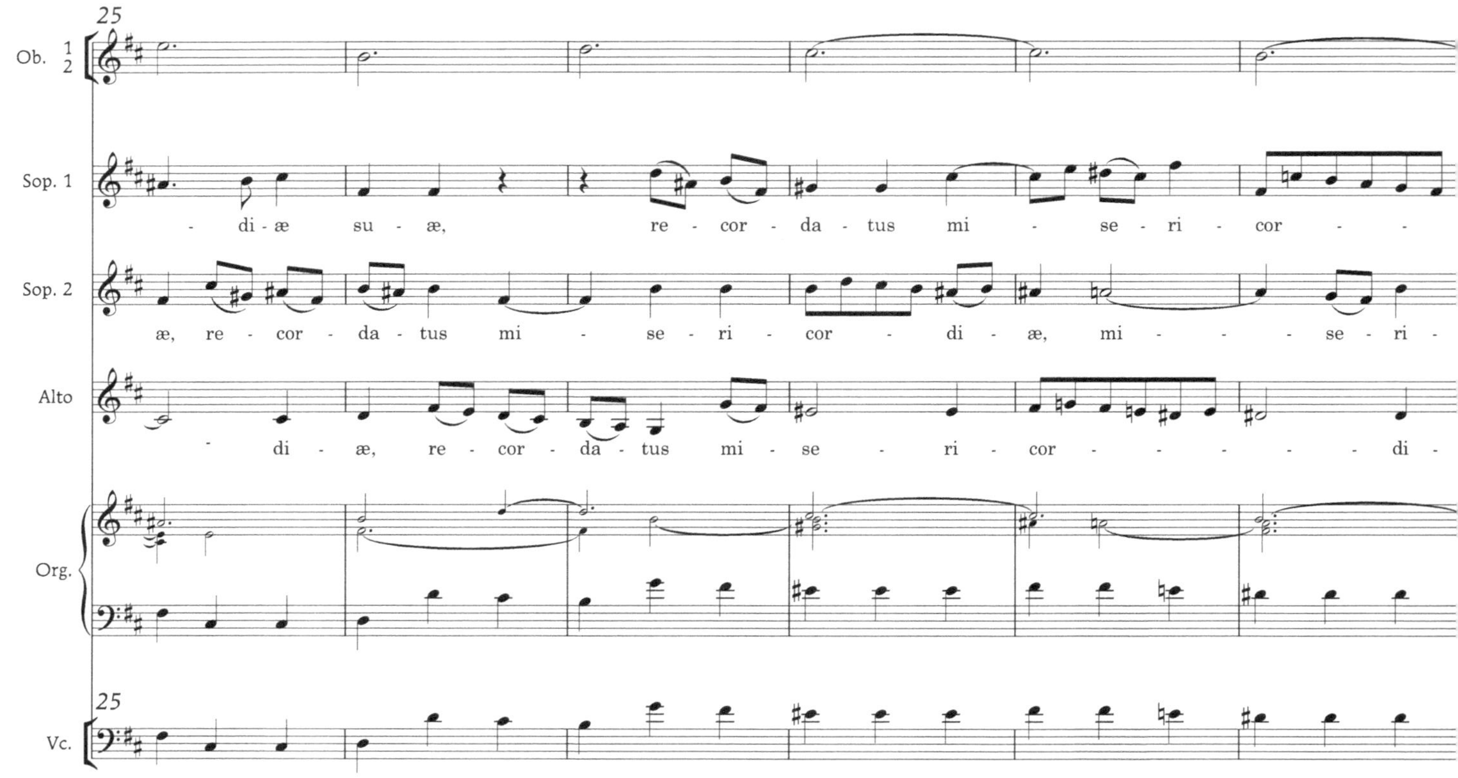

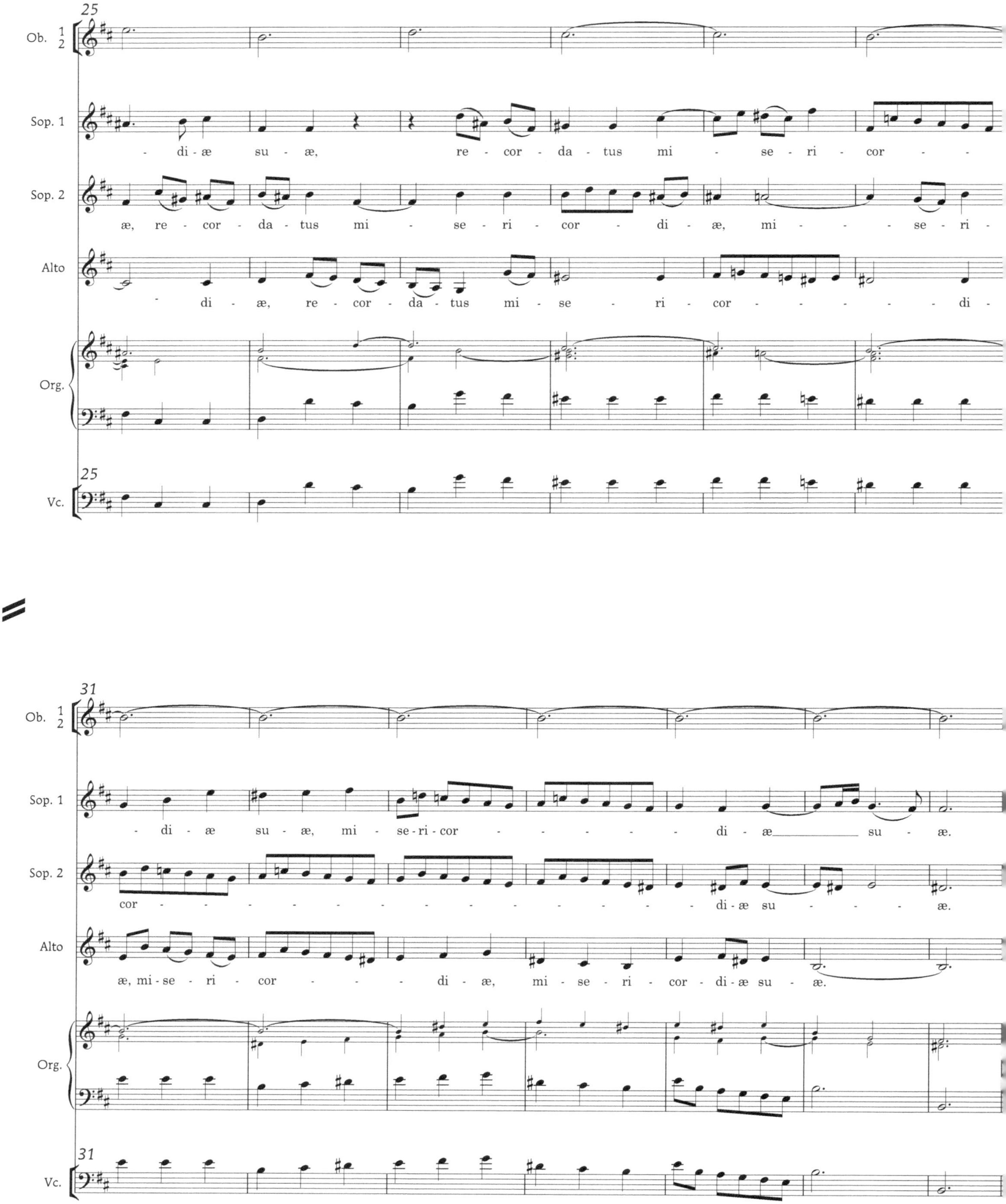
25
Ob. 1 2
Sop. 1
- di - æ su - æ, re - cor - da - tus mi - se - ri - cor - -
Sop. 2
æ, re - cor - da - tus mi - se - ri - cor - di - æ, mi - se - ri -
Alto
- di - æ, re - cor - da - tus mi - se - ri - cor - - - - - di -
Org.
25
Vc.
31
Ob. 1 2
Sop. 1
- di - æ su - æ, mi - se - ri - cor - - - - - - di - æ su - æ.
Sop. 2
cor - - - - - - - - - - - - - - di - æ su - - - - æ.
Alto
æ, mi - se - ri - cor - - - - di - æ, mi - se - ri - cor - di - æ su - æ.
Org.
31
Vc.

# 11. Sicut locutus est

*Chorus*

Si - cut lo -
est ad pa - tres no - stros, A - bra-ham et se - mi-ni e - jus in sæ - cu - la, A - bra
e - jus in sæ - cu - la, in sæ - cu - la, in sæ - cu - la,
in sæ - cu - la, si - cut lo - cu - tus est ad pa - tres no - stros, si - cut lo
est ad pa - tres no - stros, si - cut lo - cu - tus est in sæ - cu - la,
cu - tus est ad pa - tres no - stros, A - bra-ham et se - mi-ni e - jus in
ham et se - mi-ni e - jus in sæ - cu - la, si - cut lo - cu - tus est ad
si - cut lo - cu - tus est ad pa - tres
cu - tus est in sæ - cu - la,

28
S. 1
sæ - cu - la, si - cut lo - cu - tus est in sæ - cu - la, si - cut lo -
S. 2
pa - tres no - stros in sæ - cu - la, ad pa - tres no - stros, si - cut lo - cu - tus
A.
no - stros, A - bra-ham et se - mi - ni e - jus in sæ - cu - la, si - cut lo - cu - tus est
T.
si - cut lo - cu - tus est ad pa - tres no - stros, A - bra-ham et se - mi - ni
B.
si - cut lo - cu - tus
Org.
Vc.
28
Cb.
35
S. 1
cu - tus est in sæ - cu - la, A - bra-ham et se - mi - ni e - jus, A - bra-ham et se - mi - ni
S. 2
est ad pa - tres no - stros, A - bra - ham, A - bra-ham et se - mi - ni e - jus, A - bra-
A.
in sæ - cu - la A - bra - ham, A - bra-ham et se - mi - ni e - jus A - bra-
T.
e - jus in sæ - cu - la, A - bra - ham, A - bra-ham et se - mi - ni e - jus, A - bra-
B.
est ad pa - tres no - stros, A - bra - ham, A - bra-ham et se - mi - ni e - jus, A - bra-
Org.
35
Vc.
Cb.

e - jus in sæ - - - - - - - - - - - - - - cu -
ham et se - mi - ni e - jus in sæ - - - - - - - cu - la, in sæ - -
ham et se - mi - ni e - jus in sæ - - - - - cu - la, A - bra-ham et se - mi - ni
ham et se - mi - ni e - jus in sæ - - - - cu - la, in
ham et se - mi - ni e - jus, se - mi - ni e - jus, se - mi - ni e - jus in sæ-cu - la, si - cut lo - cu - - tus
la, in sæ - cu - la, A - bra-ham et se - mi - ni e - jus in sæ - cu - la.
- - - - - cu - la, A - bra-ham et se - mi - ni e - jus in sæ - cu - la.
e - jus in sæ - cu - la A - bra-ham et se - mi - ni e - jus in sæ - cu - la.
sæ - - - - cu - la, A - bra-ham et se - mi - ni e - jus in sæ - cu - la.
est ad pa - tres no - - stros, A - bra-ham et se - mi - ni e - jus in sæ-cu - la.

# 12. Gloria Patri

*Chorus*

Pa - tri, glo - - - - - ri - a Fi - li - o,
Pa - tri, glo - - - - ri - a Fi - li - o,
Pa - tri, glo - - - - - - ri - a Fi - li - o,
Pa - tri, glo - - - ri - a Fi - li - o,
Pa - tri, glo - - - ri - a Fi - li - o,
(sul tasto)

glo - - - - - - - - - - - ri - a et Spi - ri - tu - i
glo - - - - - - - - - - ri - a et Spi - ri - tu - i
glo - - - - - - - - - - ri - a et Spi - ri - tu - i
glo - - - - - - - - - - ri - a et Spi - ri - tu - i
glo - - - - - - - - - - ri - a et Spi - ri - tu - i
(sul tasto)

Fl. 1 2
Ob. 1 2
Bn.
C Tpt. 1 2
3
Timp.
S. 1
san - cto!
S. 2
san - cto!
A.
san - cto!
Si - cut e - rat in prin
T.
san - cto!
Si - cut e - rat in prin
B.
san - cto!
Org.
Vn. 1
2
Va.
Vc.
Cb.
a2
17

Si-cute-rat in prin-ci-pi-o,
sicute-rat in prin
Si-cute-rat in prin-ci-pi-o,
sicute-rat in prin
ci - pi-o,
si-cute-rat in prin-ci-pi-o, in prin
ci - pi-o,
si-cute-rat in prin-ci-pi-o, in prin
Si-cute-rat in prin-ci-pi-o,
si-cute-rat in prin-ci-pi-o, in prin

ci - pi - o, in prin - ci - pi - o, et nunc, nunc et sem-per et in sæ - cu-la,
ci - pi - o, in prin - ci - pi - o, et nunc, nunc et sem-per et in sæ - cu-la,
ci - pi - o, in prin - ci - pi - o, et nunc, nunc et sem-per et in sæ - cu-la,
ci - pi - o, in prin - ci - pi - o, et nunc, nunc et sem-per et in sæ - cu-la,
ci - pi - o, in prin - ci - pi - o, et nunc, nunc et sem-per et in sæ - cu-la,

et in sæ-cu-la sæ-cu-lo - - - - - - - -
et in sæ-cu-la sæ-cu-lo - - - - - - -
et in sæ-cu-la sæ-cu-lo - - - - - - -
et in sæ-cu-la sæ-cu-lo - - - - - - -
et in sæ-cu la sæ-cu-lo - - - - - -

38
a2
rum, A - men.
rum, A - men.
rum, A - men.
rum, A - men.
Fl. 1 2
Ob. 1 2
Bn.
C Tpt. 1 2
3
Timp.
S. 1
S. 2
A.
T.
B.
Org.
38
Vn. 1
2
Va.
Vc.
Cb.